Das kleine Buch vom Glück

Jean Gastaldi

Das kleine Buch vom Glück

WILHELM HEYNE VERLAG
MÜNCHEN

Die Originalausgabe erschien 1999 unter dem Titel
LE PETIT LIVRE DU BONHEUR
bei Éditions du Rocher

Aus dem Französischen übertragen von Susanne Rick

Umwelthinweis:
Dieses Buch wurde
auf chlor- und säurefreiem Papier gedruckt.

Umschlaggestaltung: HAUPTMANN UND KAMPA
Werbeagentur, CH Zug
Satz: Leingärtner, Nabburg
Druck und Bindung: RMO, München
Printed in Germany

ISBN 3-453-19069-6

Niemand wird an seiner Befähigung zum Glück gemessen. Aber es sind die glücklichen Augenblicke, die uns das Leben erleichtern, das nicht immer einfach ist.

Glück, das bedeutet vor allem, im entscheidenden Moment einen Hauch von Ewigkeit zu verspüren – ganz einfach, indem man die Zeit vergisst.

Das kleine Buch vom Glück enthält meditative Gedanken und Erinnerungen, die Ihnen helfen möchten, die Chancen des Glücks zu erkennen. Es liegt ganz an Ihnen, diese Seiten zu vervollständigen, indem Sie sie Ihren persönlichen Bedürfnissen entsprechend in die Praxis umsetzen.

Jean Gastaldi

Glück ist, wenn jeder
Moment im Leben der rechte
Augenblick ist.

Lernen Sie zu erkennen,
anstatt nur zu sehen!

Die Liebe ist der Schlüssel
zum Leben und zum Glück
in all seinen Formen.

Den Zugang zum Glück
haben wir über andere.

Wir sollten versuchen,
täglich Freunde zu gewinnen.
Wenn wir keine Freunde haben,
sollten wir uns fragen, warum.

Man kann auch
ganz für sich allein
glücklich sein.

Wir sollten jeden Augenblick
in eine unauslöschliche
Erinnerung verwandeln.

Das Glück zeigt sich
im Blick unseres Gegenübers.

Wenn wir jemandem
die Hand reichen,
wird uns warm ums Herz.

Nehmen Sie sich Zeit,
Ihres Glückes Schmied zu sein,
und Sie werden
ein Stück Ewigkeit ernten.

Sonnenaufgang und
Sonnenuntergang enthalten
Strahlen des Glücks.

Heute Morgen
ging alles schief.
Dennoch habe ich die Zeit
für einen Augenblick
angehalten – für einen
Augenblick des Glücks.

Wer glücklich sein will,
sollte böse Worte meiden.

Die Melodie des Glücks
liegt in der Stille,
die andere nicht stört.

Mach aus jedem Tag
einen glücklichen Tag,
und du wirst der reichste
Mensch der Welt sein.

Was dem Helden
der Lorbeerkranz,
das ist dem Verzeihenden
der innere Frieden.

Manchmal genügt ein Blick
in die Augen eines Neugeborenen,
um wieder an das Glück
zu glauben.

Die Frau begreift das Glück instinktiv, so wie eine Mutter die Liebe zu ihren Kindern.

Um einen Augenblick
von Ewigkeit zu erleben,
muss man sich von Zeit zu Zeit
glückliche Momente verschaffen.

Schmücken Sie Ihr Heim
mit Pflanzen und Blumen,
wenn Sie fern der Natur leben.

Wagen Sie jeden Tag etwas Neues, und Sie werden dem Alltagstrott entkommen.

Betrachten Sie morgens
Ihre Tasse Tee, wie ein
buddhistischer Mönch es täte.

Hinter jeder Wolke
verbergen sich Gestalten.
Versuchen Sie sie zu entdecken
und Sie werden all
Ihre Sorgen vergessen.

Meiden Sie
aggressive Menschen.
Sie zerstören die Nischen
des Glücks.

Da wir ohne Gepäck
ins Jenseits gehen,
brauchen wir keinen Maulesel
zu beladen.

Singe jeden Tag,
und du bleibst jung.

Wenn du deprimiert bist,
dann nimm dir die Zeit,
ein Glas deines besten Weines
zu kosten.

Liebe das Leben,
als wäre es jeden Augenblick
zu Ende.

Die Liebe ist ein Regenbogen,
der das ganze Spektrum
deines Wesens
zum Leuchten bringt.

Betrachte den Flug
einer Taube und entdecke
die natürliche Harmonie
des Lebens in der Stadt.

Durch den Blick
des anderen wirst du erfahren,
ob du zur Liebe fähig bist.

Glücklich zu sein ist gar
nicht so schwierig,
man muss es
nur wirklich wollen.

Die Familie
ist das beste Forum
für das Erleben von Glück.

Relativieren Sie Probleme
und sagen Sie sich,
dass nichts wirklich wichtig ist –
außer Ihrem Glück.

Wie angenehm es ist,
wenn Wasser über unseren
Körper rinnt!
Es spült unsere Anspannungen
und unsere Sorgen fort.

Mit einem Buch an einem gemütlichen, warmen Ort, das ist auch ein Moment des Glücks.

Die Liebe ist eine Knospe,
die nur eines will:
aufgehen im Glück.

Ein noch warmes Stück
Baguette, das man sich gleich
nach dem Verlassen der Bäckerei
auf der Straße gönnt.

Das Schnurren der Katze
auf unseren Knien,
das man nie zu stören
wagen würde.

Das Wochenende im Bett
verbringen, ausschlafen
an der Seite jenes Menschen,
den man liebt.

Der erste schüchterne Kuss,
der besagt: Ich liebe dich,
für immer und ewig.

Das Feuer im Kamin,
das uns aufwärmt:
Bald ist das Abendessen soweit.

Der Herbstspaziergang
in rotbraunen Farben
und der wunderbare Geruch
von Pilzen.

Das kleine Schläfchen
nach dem Essen,
das die Erinnerung
an die Ferien wach hält.

Wenn das Kind
zum ersten Mal Mama
und Papa sagt und
seine ersten Schritte macht.

Der Hund, unser Freund,
der auf die kleinste Geste
der Zuwendung lauert und
dessen vertrauensvoller Blick
uns zum Schmelzen bringt.

Du im Badezimmer,
nicht ahnend, dass ich dir
Momente der Ewigkeit stibitze.

Großeltern sein,
die Aufmerksamkeit und
das Glück der Erkenntnis
genießen, dass das Leben
ewig weitergeht.

Der verloren geglaubte
Freund, der in jenem
Augenblick zurückkehrt,
in dem man nicht mehr
mit ihm rechnet.

Das Frühstück, ans Bett
gebracht von dem Menschen,
den man liebt.
Auf dem Tablett
die ersten Frühlingsblumen.

Herbstluft,
das welke Laub
im Garten riechen.

Barfuß durch den Morgentau
gehen, wenn der Himmel
in der Dämmerung entflammt.

Das Glockenläuten
der Dorfkirche, das die
Vogelhochzeit verkündet.

Der Sonntagsmaler
im Grünen, der unser Kommen
gar nicht bemerkt.

Der heimliche Finger
in der Mousse au chocolat
während der Festvorbereitungen.

Der Dämmerzustand
nach dem Liebesakt, wenn jeder
in sich selbst versunken ist.

Die Münze im Faschings-
krapfen, die man heimlich
auf den Teller
der besten Freundin legt.

Das im Wind wehende Haar
der Geliebten,
das man an der Wange spürt.

Wie süß der Augenblick,
wenn uns der Schlaf überkommt
und uns weit von unseren
Alltagssorgen fortträgt.

Die ersten Anzeichen
von Genesung nach einer
langwierigen Krankheit,
als man schon nicht mehr
zu hoffen wagte.

Eine Mutter
»Mein Kleines« sagen hören.

Ungestört in einem
Antiquariat in Büchern blättern,
umgeben vom Geruch
alten Papieres.

Platz nehmen zu einem Essen
bei Kerzenschein,
wenn man schon alles
verloren glaubte.

Der Sternenhimmel und der Wunsch, der angesichts einer Sternschnuppe ausgesprochen wird.

Diese Hand,
die die unsere
am Krankenbett ergreift.

Dieses erhabene Gefühl,
das uns an einer geweihten
Stätte erfüllt, ganz gleich,
ob wir gläubig sind oder nicht.

Die heiße Sonne
auf unserer Haut,
wenn wir ausgestreckt im Sand
liegen – genau das Richtige,
um sich wohl zu fühlen.

Diese erhebende, ekstatische
Opernstimme – was für ein
außergewöhnlicher Augenblick!

Die sanfte Abendstimmung
der Dämmerung,
wenn alles möglich erscheint.

Sie beide für eine
kleine beglückende Ewigkeit
auf einer einsamen Insel.

Das lächelnde Antlitz
eines Bettlers, das uns ewig
in Erinnerung bleibt
wie ein unvergesslicher
Sonnenaufgang.

Das Rauschen des Baches
am gewundenen Pfad,
der unsere Schritte lenkt.

Das Eichhörnchen,
das sich unbeobachtet wähnt
und zielstrebig die Nüsse knackt,
die es am Morgen gesammelt hat.

Der Augenblick, wenn nach einer redlich geteilten Brotzeit beim Angeln plötzlich ein Fisch anbeißt.

Der Hahnenschrei,
der uns weckt, nicht zu früh,
sondern dann, wenn wir noch
warm in weichen Daunen liegen.

Die Tabakspfeife,
die allmählich erglüht,
entzündet mit einem Zweig
vom Lagerfeuer.

Die Muschelernte
an einem einsamen Strand,
kurz nach einem Sommerregen.

Die ersten Schneeflocken,
die auf die Stadt fallen und
uns an die Schneeballschlachten
unserer Kindheit erinnern.

Der Haustürschlüssel, der sich
nach einem langen Arbeitstag
in unserem Türschloss dreht:
endlich daheim!

Die Lieder,
die man mit Freunden nach
einem schönen Essen anstimmt.

Die dargebotene Hand
von jemandem,
der einem feindlich
gesonnen schien.

Dieser Augenblick
der Erfüllung, wenn man spürt,
dass einem nichts
etwas anhaben kann.

Die sanfte Luft,
die nach langen Wintermonaten
den Frühling verkündet.

Das Glück ist eine seltene
Nahrung, die man reichlich
zu sich nehmen sollte.

Die blasse Wintersonne,
die der Natur diese einzigartigen
Pastelltöne verleiht.

Wenn wir uns vorstellen,
wir wären diese vom Wind
getragene »Möwe Jonathan«.

Wenn wir das soeben
eingeschlafene Kind
in unseren Armen halten
und es im Rhythmus
unserer Schritte wiegen.

Das Glück ist
eine Belohnung, die es uns
ermöglicht, den Widrigkeiten
des Lebens zu trotzen.

Vergnügen spricht die Sinne an,
das Glück unsere Seele.

Glücklich sein, das heißt auch – und sei es nur für einen Augenblick – all seine Sorgen loslassen zu können.

Der Gipfel des Glücks:
wenn man so glücklich ist,
dass man es gar nicht bemerkt.

Der Augenblick, in dem
man spürt, dass einem
nichts geschehen kann – bis auf
das Wesentliche im Leben.

Das Lied, das unsere Kindheit
heraufbeschwört und
uns in Erinnerungen
an ein ganz anderes Glück
eintauchen lässt.

Wer Glück erleben will,
sollte früh aufstehen:
»Morgenstund' hat Gold
im Mund!«

Das Lachen ist ein Trampolin
ins Glück.

Mit Freunden einen Sieg
sportlicher oder kultureller
Art teilen.

Die Zeit anhalten,
um einen Augenblick
von Ewigkeit zu erleben.

Meditation ermöglicht
eine Annäherung an das Glück,
der Rest der Wegstrecke
ist eine Geisteshaltung.

Einfachheit ist ein Weg
zum Glück.

Glück setzt voraus,
dass sich Körper und Geist
im Einklang befinden.

Die Melodie des Glücks
ist ein Lied in unserem Innern,
das wir in aller Stille trällern.

Die richtige Geste
im richtigen Augenblick
führt zum Glück.

Der beherzte Weg
führt zum Glück.

Glückliche Menschen
haben keine Geschichte –
sie schreiben ihre eigene
vom Glück.

Selbst im Angesicht des Todes
spiegelt sich mitunter
der Widerschein von Glück.

Morgens
mit Vogelgezwitscher aufwachen
und dennoch so tun,
als schlafe man noch.

Der Espresso
nach dem Einkaufsbummel.

Dieser Augenblick der Liebe,
wenn zwei vereinte Körper
eine neue Seele bilden.

Einen neuen Ort entdecken,
ein neues Land, wo man spürt,
dass einem dort nichts
Schlimmes widerfahren kann.

Wenn du nie Glück
empfunden hast,
dann befrage dein Leid und
ändere dein Leben.

Man muss dem Glück
von anderen lauschen,
um sein eigenes zu verstehen
und zu vermehren.

Es ist nie zu spät:
Man kann immer noch lernen,
die Freude zu empfinden und
zu lieben, die sich in Glück
verwandelt.

Ein guter Rat:
Hege und pflege täglich
dein Glück wie ein Pflänzchen,
damit es immer blüht.

Glücklich sein
ist eine innere Haltung,
die auch von großen Geistern
kultiviert wird.

Ein Kind bei der Hand
nehmen bedeutet, ihm den Weg
zum Glück zu zeigen.

Was die Ekstase
für das Vergnügen,
ist das Glück für die Heiterkeit.

Mach aus dem Heute
einen glücklichen Tag,
und du wirst dem Glück
begegnen.

Das Glück liegt immer
im Guten, nie im Schlechten.
Wir sollten daher auf unseren
Umgang achten.

Der Regenbogen,
der die Farben der Jahreszeiten
zeigt, wenn wir uns der Natur
sehr nahe fühlen.

Es gibt keine Ökologie
des Glücks.
Glück läßt sich weder
verschmutzen noch recyceln.

Lasst uns träumen und
dieses irdische Asyl in eine Insel
der Glückseligen verwandeln.

In der Beschränkung
gibt es kein Glück.

Glück lässt sich errichten.
Wir müssen uns
zu seinem Architekten und
Baumeister ausbilden.

Vergnügen kann man
allein genießen,
Glück nur in der Gemeinschaft.

Ein Lächeln kann uns
glücklich machen,
wenn wir es erwidern.

Unsere persönliche Aufgabe:
andere zu fragen,
was für sie Glück bedeutet.
Wir werden überrascht sein.

Glück lässt Menschen
und Dinge erstrahlen,
ob sie es wollen oder nicht.

Das Gefühl,
sich immer wohl zu fühlen.

Es kann kein Glück
in der Gewalttätigkeit geben.

Vielleicht erwecken wir
das Glück in uns,
wenn wir unsere Seele streicheln.

Den flüchtigen
Augenblick festhalten,
wenn alles gut geht.

Den anderen akzeptieren
ist schon ein Glücksversprechen.

Blumen können Harmonie
bedeuten, ihr Duft
eine subtile Form von Glück.

Man verliert keine Zeit,
wenn man sich Zeit nimmt,
sein Glück zu überdenken.

Habe ich heute
etwas Wesentliches vor?
Das zufriedene Gefühl
nach getaner Arbeit
kann glücklich machen.

Neid führt weder
zur Heiterkeit noch zum Glück.

Wenn ich genau
darüber nachdenke,
dann habe ich heute einen
glücklichen Augenblick erlebt.
Da bin ich mir ganz sicher.

Die Landschaft,
in der man darauf wartet,
dass »Der kleine Prinz«
von Saint-Exupéry erscheint.

Auf dem Gipfel eines Berges,
wo mein Geist
mit dem Himmel spricht.

Die Ohrringe
aus roten Kirschen,
die so süß schmecken.

Jemand, der Sie am Arm nimmt,
um Sie auf einen Spaziergang
mitzunehmen.

Ein Gedanke
kann uns glücklich stimmen –
unser Verstand
und unser Wissen nie.

Die Überwindung
von Eitelkeit ist die erste Hürde
zu einem glücklichen Leben.

Wenn du täglich
an deine Lebensbedingungen und
an deinen Tod denkst,
wirst du das Glück
wie ein Verrückter suchen.

Sagen Sie anderen nie,
dass Sie glücklich sind.
Denn sie schenken Ihnen ebenso
viel Glauben wie sich selbst.

Seine »persönliche Legende« leben, wie Paulo Coelho schreibt: Ist das nicht ein Weg zum Glück?

Für eine kleine Ewigkeit
ein Bild betreten und
mit dem Maler über seine
Absichten reden.

Ja, Lesen kann einen Moment
des Glücks bedeuten.

Wir müssen kein schlechtes
Gewissen haben:
Glücklichsein ist weder
eine Sünde noch eine Schwäche,
sondern ein Sieg.

Das Gefühl,
einen einzigartigen Augenblick
zu erleben.

Zufrieden sein können
mit sich selbst über
eine erstmals gewagte Geste
oder Haltung.

Ein kleiner Ratgeber
in Sachen Glück:
Paul Watzlawicks »Anleitung
zum Unglücklichsein«.
Wirklich – probieren Sie es aus!

Glück lässt sich
nicht aufschieben.
Es existiert und erlöscht
im selben Augenblick.

Nicht auf andere zählen:
Man kann sein eigenes Glück
nur selbst heraufbeschwören.

Glück ist, wenn wir
trotz unserer Schwächen und
unserer Ängste zu Prüfungen
zugelassen werden.

Unser Glück hängt
an einem seidenen Faden,
den die meisten Leute
durchtrennen wollen.
Am besten,
wir verstecken alle Scheren.

Um glücklich zu sein,
muss man sein Leben
auf das Einfachste reduzieren,
aber das ist sehr kompliziert.

Glück ist auch
eine Frage des Willens.

Die künstlichen Paradiese
führen nicht ins Glück,
sondern in die Abhängigkeit.

Nicht das Recht,
sondern die Gerechtigkeit
ist entscheidend
für ein glückliches Leben.

Mit sich selbst
im Frieden sein ist schon
der erste Schritt zum Glück.

Seine Eltern
zu respektieren heißt,
sich auf ein glückliches Leben
vorzubereiten.

Einfach die Menschen und
die Dinge sehen, so wie sie sind,
ohne wenn und aber.

Erfahren, dass man
ein bisschen mehr Zeit
zum Leben hat, als man dachte.

Lieben, um zu lieben,
ohne Erwartungen.

Angesichts des
gewaltigen Meeres:
sich eins fühlen damit.

Den Tisch an Feiertagen
festlich decken und
ihn mit seinen Lieblingsfarben
schmücken, um diejenigen
zu erfreuen, die man liebt.

Den Champagner genießen,
den man entspannt
vor dem Kaminfeuer trinkt,
während es draußen
bitter kalt ist.

Glück ist eine Art
momentaner Wahrhaftigkeit.

Unsere verloren geglaubte
Liebe, die wir plötzlich
durch einen sicherlich
vorbestimmten Zufall
wieder gefunden haben.

Der gregorianische Choral,
der vom Gewölbe der Kathedrale
und in uns selbst widerhallt.

Wo soll man das Glück suchen?
In sich selbst.
Man muss es nur wollen.

Der Brief,
der ein trautes Rendezvous
für den nächsten Tag verspricht.

Das Glück ist wie eine Haut,
in die man in aller Stille
schlüpfen muss.

Freunde, die an
Ihrem Geburtstag
an Ihrer Tür läuten.

Das Glück ist ein Balsam
für alle Wunden des Lebens.

Den Eindruck haben,
nützlich zu sein,
ohne dieses Wissen auszunutzen.

Glück ist eine Ewigkeit,
von der wir nur ein
paar Sekunden zählen können.